LE
CHANSONNIER
DES
FÊTES DE FAMILLE,

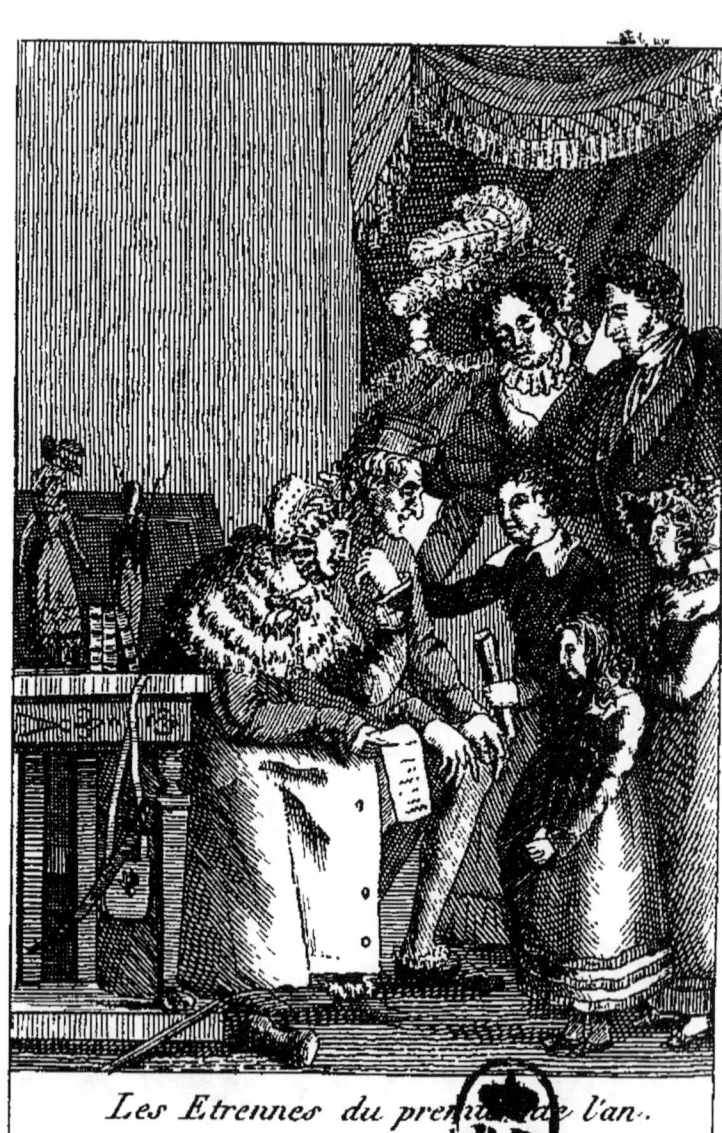

Les Etrennes du premier de l'an.

LE CHANSONNIER

DES

FÊTES DE FAMILLE,

ET AUTRES;

CONTENANT :

DES BOUQUETS ET COMPLIMENS

En l'honneur de Pères, Mères, Oncles, Tantes, Parrains, Marraines, Bienfaiteurs, Maîtres et Maîtresses de pension, etc. etc.

A PARIS,

Chez { LOCARD et DAVI, libraires quai des Augustins, n.º 3.
M.ᶜ LECHARD, rue Hautefeuille, n.º 3.

1821.

LE CHANSONNIER

DES

FÊTES DE FAMILLE.

LA FÊTE DE LA MAMAN.

VAUDEVILLE A SIX.

Air : *Sau-sau-sau-sautez donc.*

UNE PETITE FILLE.

Enfin, c'est aujourd'hui la fête
De la plus tendre des mamans;   *bis.*
Jour de félicité parfaite
Pour son époux, pour ses enfans.   *bis.*
Déjà, plein d'une douce ivresse,
Autour d'elle chacun s'empresse.
Fêtons tous, fêtons, fêtons donc,
   Fêtons une mère
     Si chère !
Fêtons, fêtons, fêtons-la donc,
 A double et triple carillon !!
    (*Bis en chœur*)

L'UN DES PLUS JEUNES GARÇONS.

Viens avec moi, mon petit frère,
Viens, je chanterai bien pour deux.
J'aurai le talent, je l'espère,
D'exprimer notre amour, nos vœux.   *bis.*
S'il reste quelque chose à dire,
Dans nos yeux maman saura lire...
Fêtons tous, etc.

UN AUTRE ENFANT.

Maman tolère, dans l'enfance,
Mauvaise tête avec bon cœur,
Oui, mauvaise tête et bon cœur :
Maman sait qu'un peu d'indulgence
Fait mieux regretter une erreur.   *bis.*
Toujours aussi juste que bonne,
Maman gronde et bientôt pardonne...
Fêtons tous, etc.

UN AUTRE.

Maman m'accuse d'être lente,
Je n'aurais jamais cru cela ;
Mais, c'en est fait, je la contente
Et j'abjure ce défaut-là.   *bis.*
Déjà, pour célébrer sa fête,
Aussitôt que vous je suis prête...
Fêtons tous, etc.

L'AÎNÉ DES ENFANS.

Maman n'est pas intéressée :
Qu'un emblême simple et touchant *bis.*
Lui retrace notre pensée ;
Chacun de nous sera content. *bis.*
Que dis-je ? est-il besoin d'emblème,
Pour lui prouver combien on l'aime.
Fêtons tous, etc.

LE PÈRE.

Auprès de toi, quand ta famille,
Vient célébrer ce jour heureux, *bis.*
Dans tous les yeux la gaîté brille,
Tous les cœurs forment mêmes vœux. *bis.*
Forts de l'amour qui nous inspire,
Nous ne craignons pas de redire,
Fêtons tous, fêtons, fêtons donc,
  Fêtons une mère,
   Si chère,
Fêtons tous, fêtons, fêtons-la donc,
A double et triple carillon ! ! !

A UNE MADELAINE.

Air : *L'Amour a gagné sa cause.*

Je veux ce que Rome a voulu :
J'honorerai toute ma vie,

Les Saintes qu'elle a résolu
De placer dans sa Lithurgie.
En toutes j'ai dévotion,
A toutes j'ai fait ma neuvaine ;
Mais, avec plus d'affection,
  Je viens fêter Madelaine.

Ce nom, propre à maintes beautés,
S'est vu célébré d'âge en âge ;
Mais, depuis que vous le portez
Il doit l'être bien davantage.
Madelaine eut des traits charmans,
Chez vous nous en voyons bien d'autres
Quand on se tait sur ses talens,
  On vante partout les vôtres.

Jolis péchés, tendres propos,
Noirceurs tant soit peu criminelles,
Lui firent un nom à Paphos,
Comme s'en sont fait trop de belles.
Le vôtre, par mille vertus,
A tous les cœurs se recommande ;
Et vous mériteriez, bien plus,
  Sa place dans la légende.

On dit qu'elle se signala,
Par son repentir et ses larmes,

Elle fit bien; car, sans cela,
Eut on jamais vanté ses charmes.
Combien, sans peine, aux yeux de tous,
Vous savez l'emporter sur elle;
Tout votre sexe admire en vous,
Son plus précieux modèle.

L'HÉLIOTROPE

OFFERT PAR UN ENFANT.

Air : *Femmes voulez-vous éprouver*

Lorsqu'à nos champs un beau soleil
Rend et la vie et l'allégresse.
Du côté de l'astre vermeil
Cette fleur se tourne sans cesse.
Ta présence est aussi, pour moi,
Un signal de volupté pure ;
Et lorque je suis loin de toi,
Tout me déplaît dans la nature.

JEAN ET JEANNETTE.

Air : *Au coin du feu.*

Je veux, sur ma musette,
Chanter Jean et Jeannette,

Bien tendrement ;
Pour eux je n'ai qu'un thême :
Egalement on aime,
 Jeannette et Jean.

Point de discours frivoles,
Point de vaines paroles ;
 En ce moment,
Je parle avec franchise,
Car j'ai pris pour devise :
 Jeannette et Jean.

Jean seul de sa Jeannette
Méritait la conquête,
 Et, cependant,
Jeannette, ô grâce insigne !
Seule se montrait digne
 De l'ami Jean.

Que le Ciel, d'âge en âge,
De ses dons les partage
 Egalement !
C'est ce que je souhaite
A l'aimable Jeannette,
 A l'ami Jean.

Pour compléter la fête
Embrassons tous Jeannette ;

Et, sur-le champ,
Prouvant que la satire
N'a pas droit d'en médire,
Embrassons Jean.

UN ENFANT A SES PARENS.

Air : *Daignez m'épargner le reste.*

J'ignore les secrets de l'art,
Et les détours de l'imposture,
Mon hommage sera sans fard
Et simple comme la nature.
Tribut naïf d'un tendre cœur;
N'aura-t-il pas votre suffrage ?
Vous le voyez; c'est une fleur, *bis.*
Je n'en ai pas davantage.

BOUQUET A UNE JOLIE FEMME.
(C'EST FLORE QUI PARLE).

Air : *Du vaudeville des deux Savoyards.*

O vous, qu'avec ardeur, on aime
A la ville aussi bien qu'aux champs,
C'est votre fête que j'attends,
Pour vous céder mon diadême.
Le sceptre échappe de ma main
Et je l'abandonne sans peine

Rose, œillet, tulipe, jasmin,
Vont vous reconnaître pour reine.

Pour vous présenter son hommage
Zéphir va voler sur vos pas.
Enfin fixé par tant d'appas,
Il cessera d'être volage.
Ainsi que tout le genre humain,
Fier de porter si douce chaîne,
Et devenu constant soudain,
Il vous choisira pour sa reine.

C'est ici moins une louange
Qu'un aveu, par le cœur dicté.
Auprès de vous, en vérité,
Mes sujets vont gagner au change.
Tout aussi bien qu'en ces beaux lieux,
Sur les bords charmans de la Seine,
A Paphos, jusques dans les cieux,
Vous mériteriez d'être reine.

BOUQUET D'ENFANT.

Air : *Pour la Baronne.*

Combien je t'aime !
Ce langage, si vrai, si doux,
Combien je t'aime !
Est tout ce que l'on sait chez nous,

T'aimer fait notre bien suprême
Et de grand cœur nous disons tous :
Combien je t'aime !!!

A JOSÉPHINE,
LE JOUR DE SA FÊTE.

Air : *Sur un sopha tranquillement.*

L'an passé je fis des couplets,
Sans être pour cela poète.
Joséphine en fut satisfaite,
Son nom seul en fit tout le succès.
Aujourd'hui (c'est la même fête),   *bis.*
Pour refrain, (*bis.*) choisissons Josette.

Josette est un si joli nom
Qu'avec plaisir on le répète ;
Pour rendre la fête complète,
Disons-le tous à l'unisson.
Oui, qu'à l'envi chacun s'apprête
A chanter (*ter*) Josette.

Chez trop de gens, ce n'est qu'un cri :
Où rencontrer femme parfaite ?
Eh ! messieurs, dans cette retraite
Vous en aurez le démenti :
Pour trouver ce bien, qu'on souhaite,
Venez voir (*ter*) Josette.

C'est le modèle des mamans;
Jamais elle ne fut coquette;
Elle est bonne, sage, discrète.
Toujours son époux, ses enfans,
 Tant qu'ils vivront, je le répète,
 Chériront (*ter*) Josette.

Pour ses amis son cœur est sûr,
Les obliger est sa recette;
Par nous mainte épreuve en fut faite;
Aussi le zèle le plus pur
 Est notre influence secrète,
 Pour chanter (*ter*) Josette.

Quand l'amitié nous réunit
Dans sa charmante maisonnette,
Le cœur plein, l'âme satisfaite,
Chacun de nous s'en applaudit;
 Ce qui plaît mieux dans sa retraite,
 C'est d'y voir (*ter*) Josette.

Ah! pour combler nos vœux ardens,
Que jamais rien ne l'inquiète!
Que sa carrière ne s'arrête
Pas même au terme de cent ans.
 Un siècle entier de fête en fête,
 Passerait (*ter*) auprès de Josette.

LE CŒUR ET LA CHANSON.
BOUQUET A UN AMI.

Air : *Du soin que je prends de ma gloire.*

Agréez le sincère hommage,
Que mon cœur vous fait en ce jour :
De l'esprit il n'est point l'ouvrage,
Mais bien le tribut de l'amour.
J'en suis à mon apprentissage,
Dans l'art de faire une chanson,
Mais, dans celui d'aimer, je gage
N'avoir pas besoin de leçon.

C'est peu que d'avoir en partage
Un cœur franc, délicat et bon,
Il faut, au gré d'un sot usage,
Joindre la rime à la raison ;
Je sens trop à quoi je m'engage,
En essayant une chanson,
S'il ne fallait qu'aimer, je gage
Qu'il n'est pas besoin de leçon.

Fleurs factices de poésie
Sont au bouquet du sentiment,
Comme l'éclair de la saillie
Au bonheur qu'on goûte en aimant.

Muses, d'ornemens si frivoles,
Que ferions-nous dans ma chanson ?
Le cœur en dicte les paroles ;
Le cœur seul me fait la leçon.

Quels vers auraient assez de grâce
Pour bien célébrer tant d'attraits,
Tant de vertus que rien n'efface,
Tant d'amitié, tant de bienfaits !
Je pourrais gâter mon ouvrage
En les plaçant dans ma chanson,
Mais pour les bien sentir, je gage,
Nul ne me ferait la leçon.

A UNE DAME.

PETITE SCÈNE D'AMITIÉ, EN FORME DE POT-POURRI, AVEC REPRISE EN CHOEUR. (1)

Air : *Eh gai ! gai ! gai ! mon officier !*

Allons,
Chantons ;

---

1) Plusieurs personnes se partagent ces couplets dont tous le monde répète en chœur les réfrains.

Sur tous les tons
Exprimons
Notre zèle ;
Allons,
Chantons,
Félicitons,
Celle
Que nous aimons !!!
EN CHOEUR.
Allons, etc.

Elle avait voulu faire,
De sa fête, un secret ;
Mais, pour qui nous est chère,
N'est-on pas toujours prêt ?
EN CHOEUR.
Allons, etc.

―――

Air : *Le Bailli du canton voisin.*

La franchise et la bonne humeu
Sont le fond de son caractère ;
Quand elle oblige, son bon cœur
Lui dicte seul ce qu'il faut faire.
Avec grâce elle unit
La simplesse à l'esprit ;
Sage, avec la vieillesse,

Elle participe et sourit
Aux jeux de la jeunesse.

EN CHOEUR.

Air : *Eh, gai! gai! gai!*
Allons, etc.

Air : *Sautez par la croisée.*
Auprès d'elle un riche bouquet
N'aurait aucun prix ; et je gage
Q'offert par nous un simple œillet
Saura lui plaire davantage;
C'est qu'avec nous, à chaque instant,
Plus indulgente que personne,
Elle verra, non le présent,
Mais la main qui le donne.

Air : *Eh, gai! gai! gai!*

Allons, etc.

Air : *Frère Jean à la cuisine,*
ou *du Vaudeville de Jean Monnet.*

Pour couronner cette fête,
Embrassons-la tour-à-tour...
C'est une esquisse imparfaite
De notre sincère amour;
Sous quels traits,
En effet,

Peindre le feu dont il brille?
C'est un tableau de famille,
Dont seul le cœur fait
Les frais.

EN CHŒUR.

Air : *Eh, gai! gai! gai !*

Allons, etc.

Air : *Amusez-vous, trémoussez-vous.*

Après la panse
Vient la danse ;
Ce vieux proverbe les vaut tous :
Il faut donc nous mettre en cadence,
Et sautiller comme des foux.
Pour fêter ce moment si doux,
Amusons nous,
Trémoussons-nous.
Avec esprit,
Un refrain dit :
« *Toujours va qui danse* ».
C'est un fait : eh bien !
Ne craignons rien,
Trémoussons-nous bien.

EN CHŒUR.

Air : *Eh, gai! gai! gai!*
Allons, etc.
Suite du même air.
Nous dirons aux critiques,
S'ils blâment nos couplets :
« Ah! soyez moins caustiques
» L'Amitié les a faits ».

Allons,
Chantons,
Sur tous les tons ;
Exprimons
Notre zèle :
Allons,
Chantons,
Félicitons
Celle
Que nous aimons ! ! !

SUJET A VOLONTÉ.

Air : *Que Pantin serait content.*

Vite, amis, quelques bouquets
Pour la fête,

Qui s'apprête :
Vite, amis, quelques bouquets
Accompagnés de couplets !
Que chacun des vers exprime
Notre amour et notre estime
Pour {la femme / le mortel} magnanime
Qui nous comble de bienfaits.
  Vite, amis, etc.

{Celle / Celui} qu'ici chacun aime
De nous aimer tous de même
S'est fait un joyeux système,
Dont nous sentons les effets.
  Vite, amis, etc.

Que notre reconnaissance
Célèbre ici sa prudence,
 Ses talens, sa complaisance,
 Son bon cœur, ses soins parfaits.
  Vite, amis, etc.

Que du genre humain le père
Lui ménage un sort prospère,
Et prolonge sa carrière
Au dela de nos souhaits !

Vite, amis, quelques bouquets
Pour la fête,
Qui s'apprête !
Vite, amis, quelques bouquets
Accompagnés de couplets !

LA SAINT FRANÇOIS.

A UN PÈRE OU A UN BIENFAITEUR.

Air : *Si j'en juge d'après mon cœur.*

Ton Patron, prêchant l'indulgence,
Recommandait à nos aïeux,
De pratiquer la bienfaisance,
De ne faire que des heureux.
Le Saint ne pouvait ni mieux dire,
Ni se trouver mieux écouté :
Près de toi tout ce qui respire
Tient de toi sa félicité.

Est-il un mortel sur la terre
Comparable à notre François,
Ami tendre et généreux père,
Il fait chérir ses douces lois ;

A l'aimer bornant notre envie,
Sur tous ses pas semons des fleurs
Et tâchons d'embellir sa vie
Par l'humble hommage de nos cœurs.

BOUQUET FILIAL.

Air : *Ton humeur est, Catherine.*

D'vant toi { maman / papa } j'os' paraître
Rien qu'avec un p'tit couplet ;
Il n'te plaira pas trop, p't'être...
J'sens qu'il n'est pas trop bien fait.
Mais je n'sis pas assez bête
Pour vouloir le rendr'meilleur.
Tout ces biaux vers qu'on apprête
N'partont pas toujours du cœur.

Dans un p'tit coin de c'te rose
J'ons mis mon cœur tout douc'ment ;
L'bouquet, c'est ben peu de chose,
Mais c'est l'tout que l'sentiment.
Aussi pour l'amitié franche
De c'cœur la, si tu l'veux bien,

Cher papa } pour tout'revanche,
Chèr'maman }
J'te d'mandons l'présent du tien.

Tu m'diras : « c'est un enfance !
Est-c'que ça se baill'comm'ça » ?
Ah } maman }, plus d'complaisance !
   } papa }
Fais moi ce p'tit plaisir là...
Mais, j'y songe et j'sis tout aise
Echang'fait n'se défait plus :
Qu'tu l'veuill's ou n'veuill's pas... fadaise !
Gnia pas à r'venir là d'ssus.

A ROSE.

Air : *Du souvenir de J.-J. Rousseau.*

Le nom de cette fleur charmante
   Vous sied au mieux ;
Vives couleurs, forme élégante
   Sont chez vous deux.
Mais la rose, que l'on appelle
   Reine des fleurs,
N'attire que les yeux vers elle,
   Et tous les cœurs.

Je veux vous apprendre une chose,
C'est entre nous,
Que cet aimable nom de Rose
Fut fait pour vous.
Sur votre teint, qu'elle colore
On l'aperçoit,
Et sur vos lèvres c'est encore
Elle qu'on voit.

Rose dont on fit une sainte,
Au bon vieux tems,
Assaisonnait, dit-on, d'absinthe
Ses alimens.
A la nôtre telle pâture
Faisant horreur,
Eut trop contrasté, je le jure,
Avec son cœur.

A UNE MÈRE.

Air : *D'l'instant qu'on nous mit en ménage.*
O toi qui nous donnas la vie
Accueille nos vœux en ce jour,
Auprès d'une mère chérie,
Notre Apollon c'est notre amour.

Un bouquet (*bis.*) est un faible hommage;
Mais quand il est le don du cœur,
Il s'ennoblit par son usage :
Le sentiment est sous la fleur.

(En lui présentant son propre fils, nouveau né.)

D'une mer, fameuse en naufrage,
Pour ton fils crains peu les fureurs;
Car, tes vertus formant son âge,
Il grandira comme ses sœurs.
Ce bouquet (*bis*) a droit de te plaire,
Plus que les fleurs de ton jardin;
Tu fus toi-même le parterre
Où nous faisons notre butin.

A UN PARRAIN OU UNE MARRAINE,

EN LUI OFFRANT UNE ORANGE.

Air : *Te bien aimer, etc.*

Dès le moment où s'ouvrit ma carrière,
Déjà pour moi rempli d'affection,

Tu commenças par me donner ton nom,
Et l'orphelin eut encore une mère. (1)

Puis, souriant à ma timide enfance,
Tu t'en montras le plus constant appui.
Ah ! que du moins cet arbuste aujourd'hui
Soit le garant de ma reconnaissance.

Bonté, douceur, grâces, qu'en toi l'on aime,
Tout, en lui, s'offre à nos regards surpris.
Oui, son feuillage, et ses fleurs, et ses fruits,
Semblent s'unir pour former ton emblème.

A AIMÉE.

Air : *Si j'en juge d'après mon cœur.*

Quand un pur zèle nous anime,
Quand on aime sincèrement,
Un mot suffit, un mot exprime
Le plus louable sentiment.

---

(1) Ou bien, si c'est à un Parrain :

De l'orphelin tu fus le second père.

Un seul, à mon âme charmée,
Toujours offrit mille douceurs :
C'est le nom si chéri d'Aimée,
Qui vibre ici dans tous les cœurs.

LES BIENS EN COMMUNAUTÉ.

BOUQUET A DES PÈRE ET MÈRE QUI PORTENT LE MÊME NOM.

Air : *Le mit-il, ne le mit-il pas.*

Papa, maman, le même jour,
Votre fête nous est rendue ;
Pour vos enfans un même amour
A les rendre heureux s'évertue :
Même Patron, mêmes bienfaits,
Méritent bien mêmes bouquets.

Nous n'avons rien à vous offrir
Pour gage de notre tendresse ;
Un tel penser nous fait souffrir ;
Mais, au gré d'une heureuse ivresse,
Même patron, mêmes bienfaits,
Vont accueillir mêmes bouquets.

A THÉRÈSE.

Air : *Mon père était pot.*

Aimer est le suprême bien,
   Disait votre patronne ;
Entre nous, ce nom vous sied bien,
Car ma mémoire est bonne ;
    Et, pour m'en servir,
    J'ai su retenir
   Votre adage ordinaire :
    C'est que les amours
    Sont, dans les beaux jours,
   La plus pressante affaire.

S'il faut pourtant trancher le mot
   Et s'exprimer sans feinte,
Aimer serait un triste lot,
(Quoi qu'en dise la sainte)
    Pour qui ne saurait
    Subjuguer l'objet
   De sa tendresse extrême ;
    Mais vous n'avez pas
    Un tel embarras :
   Tout le monde vous aime.

Croyez-moi, conservez toujours
Vos joyeuses maximes.
Et livrez sans cesse aux amours
De nouvelles victimes;
Toujours, en tous lieux,
Vous verrez ces dieux
Voltiger sur vos traces.
Ne sait on pas bien
Qu'un triple lien
Les fixe auprès des grâces.

UNE FILLE A SA MÈRE.

Air : *Comment goûter quelque repos.*

Quand je voudrais fêter maman
Pourquoi n'ai je que ma tendresse ?
Mais de sa fille une caresse
Lui plaira mieux qu'un compliment.
Je puis, sans art, sans imposture,
Trouver le bonheur dans ses bras.
Des plus beaux vers ne valent pas
Les doux transports de la nature.

Mes regards seuls t'en diront plus,
Et tu connais bien leur langage;

Donne toujours à mon jeune âge,
Ton amour, tes soins assidus.
Mais déjà tu reçois l'offrande
De mes vœux et de ces bouquets,
Et tu souris à mes couplets ;
C'est là tout ce que je demande.

A UN INSTITUTEUR.

Air : *Ça fait toujours plaisir.*

Pour célébrer la fête,
Qui nous guide en ces lieux,
Chacun de nous s'apprête
A faire de son mieux.
Un devoir pourrait être
Difficile à remplir,
Mais, quand près d'un bon maître
Il peut nous réunir,
Ça fait (*bis*) toujours plaisir.

Il obtint en partage,
Esprit, talens, bonté.
Au ton décent d'un sage
Il unit la gaîté ;

Quand un grain de tristesse
Force les jeux à fuir,
Bientôt, par son adresse,
On les voit revenir ;
Ça fait *(bis.)* toujours plaisir.

Si Plutus, moins rebelle,
Se rendait à mes vœux,
Je prouverais mon zèle
Par des gages nombreux;
Mais un destin sévère
Me créa pour souffrir :
Je n'ai qu'un cœur sincère,
Si peu qu'il puisse offrir...
Ça fait *(bis.)* toujours plaisir.

PORTRAIT DE MARIE.

Air : *Partant pour la Syrie.*

Pour signaler mon zèle,
En deux couplets, je veux
Faire un portait fidèle,
De l'objet de nos vœux :

Sans que la flatterie
Préside à mon tableau,
Je vais peindre Marie
En deux coups de pinceau.

Aimable caractère,
Talens, grâces, gaîté,
Bienfaisance, art de plaire,
Douceur, esprit, beauté,..
Mère, épouse chérie,
Chacun, à ce portrait,
Va dire : « C'est Marie,
« C'est-elle, trait pour trait !! »

UNE JEUNE DEMOISELLE A SA MÈRE.

Air : *Jeune et novice encore.*

Simple et douce nature,
Viens moduler mes chants;
Ta naïveté pure
Convient à mes accens.
Oui, de ce jour prospère,
Pour chanter le bonheur,
A ta fille, ô ma mère !
Il ne faut que son cœur.

A la plus tendre mère
Je ne saurais offrir
Une fleur passagere,
Qu'un jour voit se flétrir ;
Mais presse un peu ta fille
Sur ton cœur satisfait :
Les vœux de ta famille
Reçois-les pour bouquet.

Touchés de ma prière,
Ah ! puissent les destins
Composer ta carrière
De jours purs et sereins;
Sans crainte et sans alarme,
Puissions-nous, dans cent ans,
Goûter encor le charme
De nos embrassemens !

A GENEVIÈVE.

COUPLETS POUR UNE MÈRE DE FAMILLE, CHANTÉ PAR SES ENFANS.

Air : *Avec vous, sous le même toit.*

Jouis des heureux que tu fais !
Quand pour nous un nouvel an brille,

Il ouvre de mille bienfaits
Une source pour ta famille.
Dans les trois jours si bien connus,
Qui des mois couronnent le faîte,
Ta patronne et le vieux Janus
Nous offrent une double fête.

A l'humble garde d'un troupeau
Geneviève fut condamnée ;
Guider un rustique fuseau,
Fut son obscure destinée
A des soins bien plus importans.
Tu consacres des jours utiles
Mais si tes travaux sont plus grands,
Tes brebis sont aussi dociles.

En l'honneur du Dieu des chrétiens,
Consacrant sa foi virginale,
Elle dédaigna les liens
De la tendresse conjugale.
Ce vœu, s'il eût été le tien
Nous aurait ravi sur la terre
Le plus charmant, le plus doux bien,
Le cœur d'une excellente mère.

Faut-il vanter son dévoûment,
Son abnégation profonde !

Elle fuyait soigneusement
Toutes les douceurs de ce monde.
Tu fais mieux; et dans ta maison
Tu sais, fidèle aux mœurs antiques,
Unir au bon goût, au bon ton,
L'éclat des vertus domestiques.

La foule autour de son tombeau,
Nous disent les divins oracles,
De la foi suivant le flambeau,
Fut témoin de brillans miracles.
Dans tes généreux sentimens,
Comptant tes beaux jours par les nôtres,
Tu n'attendis pas si long-tems,
Pour faire le bonheur des autres.

LE SENTIMENT.

Couplets pour la fête d'une dame.

Air : *Faut attendre avec patience.*

Objet chéri de cette fête
Qui, par les Grâces, en ce jour
Voyez couronner votre tête
Des tendres myrthes de l'Amour.

Pour vous témoigner mon ivresse
Vous ferai-je un long compliment?
Non : jamais l'esprit n'intéresse
Autant qu'un simple sentiment.

Pour vous chanter, de Polymnie
Que n'ai je les sons ravissans !
Que n'ai je aussi votre génie
Pour exprimer ce que je sens.
Mais le bouquet de la tendresse
N'exige pas tant de talent.
Et toutes les fleurs du Permesse
Ne valent pas un sentiment.

De la nature libérale
Quels dons n'avez-vous pas reçus !
Cœur généreux, humeur égale,
Vous avez talens et vertus.
A peindre votre caractère
On s'exercerait vainement.
Aimer, admirer et se taire,
C'est assez pour le sentiment.

HOMMAGE D'UNE ROSE

A UNE JEUNE ET JOLIE COUSINE,

LE JOUR DE SA FÊTE.

Air : *Du vaudeville de M. Guillaume.*

Auprès du riche un froid calcul amène
Pour le fêter un essaim de flatteurs ;
 Puissent-ils n'avoir pour leur peine,
 Qu'un signe, un regard protecteur !
Mais à sa fête auprès d'une cousine,
 Quand un cousin porte ses pas,
A son allure, aisément on devine
 Qu'il ne les perdra pas.

Ne pense pas qu'ici je me dispose
A déployer quelque brillant cadeau :
 Je n'apporte, hélas ! qu'une rose,
 Pour célébrer un jour si beau.
Sans regarder si l'offrande est légère,
 Tu veux donc bien la recevoir....
  (*En lui remettant la rose.*)
Telle, autrefois, la reine de Cythère
 Consultait son miroir.

Un vieux proverbe a dit : « qui prend s'engage : »
Et je m'en tiens à cet heureux dicton ;
   Puisqu'on accueille mon hommage,
   J'y mets un prix et j'ai raison.
Prix trop flatteur, puisque pour mon salaire
   J'ose réclamer un baiser :
Mais au moment d'une fête si chère
     Peut-on le refuser ?

A UN BIENFAITEUR.

Air : *Trouverez-vous un parlement ?*

Je ne vous offre qu'en tremblant
Ce fruit de ma Muse craintive
Ce fruit qu'à défaut du talent
Pour vous seul l'estime cultive.
Ce sentiment respectueux
Tout bas depuis long-temps m'invite
A chanter l'être vertueux
Qui joint le savoir au mérite.

Je sais bien que dans les couplets
Vous aimez un peu de finesse ;
Que les miens, hélas, sont mauvais,
Ou tout au moins pleins de faiblesse.

Il eût fallu dans ma chanson
Plus de grâce et plus d'éloquence ;
Mais, hélas ! mon seul Apollon
Est ma vive reconnaissance.

PETIT AVIS

A LOUISE, LE JOUR DE SA FÊTE.

Air : *Femmes, voulez vous éprouver.*

Louis fut saint, guerrier et roi :
Il est fort prôné par l'église ;
Mais son meilleur titre pour moi,
C'est d'être patron de Louise :
L'église le sanctifia ;
Pour vous, en tous lieux on vous fête ;
Par droit de naissance il régna ;
Vous régnez par droit de conquête.

Armant des milliers de Français
Contre le Sarrasin rebelle,
Votre patron ne put jamais
Convertir un seul infidèle.
En vous voyant, chacun surpris,
Eût dit : «Près d'elle je me range,

Oui, c'est là le vrai paradis,
Puisque déjà j'y vois un ange. »

De vos talens, de vos appas,
On vous entretiendra, Louise,
Et même on ne mentira pas,
Pour tant de bien qu'on vous en dise.
Mais, souvenez-vous que Louis,
Bien moins jeune que vous ne l'êtes,
Lui-même un jour se trouva pris
En voulant faire des conquêtes.

FÊTE DE FAMILLE.

L'HONNEUR D'UN GRAND PÈRE ET D'UNE GRAND'MÈRE,

Air : *Tout Paris connaît ma boutique.*

PREMIER ENFANT.

Bon papa, je viens rendre hommage
Aux soins que vous prenez de nous;
Si c'est un tribut de l'usage ;
Ce tribut me semble bien doux.

Pour notre tendresse
Quels heureux momens!
Quel jour d'allégresse
Pour vos petits enfans!

ENSEMBLE.

Pour notre tendresse, etc.

DEUXIÈME ENFANT.

Bonne Maman, de cette rose
Acceptez le petit présent;
Vous savez que la moindre chose
S'embellit par le sentiment.

ENSEMBLE.

Pour notre tendresse, etc.

TROISIÈME ENFANT.

Vivre sous votre aimable empire
C'est voir combler tous ses désirs;
Penser qu'on vous aime et le dire,
C'est goûter de nouveaux plaisirs.

ENSEMBLE

Pour notre tendresse, etc.

LE PÈRE OU LA MÈRE DES ENFANS.

Comme chacun de nous vous aime !
Mais que vous le lui rendez bien !
Notre félicité suprême
Est le fruit de ce doux lien.
 Pour notre tendresse
 Quels heureux momens !
 Quel jour d'allégresse
Pour moi, pour mes enfans.

ENSEMBLE.

 Pour notre tendresse
 Quels heureux momens
 Quel jour d'allégresse
Pour vos petits enfans.

TOUS ENSEMBLE,
Offrant des bouquets.

Dans ces fleurs voyez un emblème
De la pureté de nos cœurs ;
Sur l'autel de l'Être suprême
L'homme jadis plaçait des fleurs,
 Pour notre tendresse
 Quels heureux momens !
 Quel jour d'allégresse
Pour vos petits enfans !

BOUQUET A ROSE.

Air : *Eh! quoi déjà je vois le jour.*

Ce fut le plus beau de mes jours
Que le jour où je vis Rosette ;
Mon cœur s'en souviendra toujours,
Ce fut le plus beau de mes jours.
Rosette envoya les amours
Embellir ma douce retraite.
Ce fut le plus beau de mes jours
Que le jour où je vis Rosette !

D'autres m'ont promis le bonheur,
Rosette seule me le donne ;
Souvent par un regard trompeur
D'autres m'ont promis le bonheur ;
Rosette, je connais ton cœur
Il ne trompa jamais personne.
D'autres m'ont promis le bonheur,
Rosette seule me le donne.

On ne peut te voir sans t'aimer,
On ne peut t'aimer sans le dire.

Ton œil vainqueur sait tout charmer,
On ne peut te voir sans t'aimer.
Rosette pour te l'exprimer
Qu'il m'est doux d'accorder ma lyre,
On ne peut te voir sans t'aimer
On ne peut t'aimer sans le dire.

BOUQUET

A UN PÈRE OU A UNE MÈRE.

Air : *de la chaumière.*

De notre { mère / père }
Le seul nom rend nos sens émus
Le jour d'une fête si chère
Chantons les bienfaits, les vertus
De notre { mère ! / père ! }

Pour notre { mère / père }
Le matin nous formons des vœux,
Le soir notre ardente prière

De nouveau monte vers les cieux

Pour notre { mère / père.

A notre { mère / père

Nous devons tout notre bonheur.
Qu'un jour notre amitié sincère
Procure un sort plein de douceur

A notre { mère / père.

A notre { mère ! / père !

Comment offrir quelques présens ?
Les seuls que nous puissions lui faire,
Nos cœurs, sont depuis si long temps

A notre { mère / père.

ÉLOGE DE LA CHARLOTTE

A MADAME CAROLINE...

LE JOUR DE LA SAINT-CHARLES.

Air : *Eh ! ma mère est-c' que j'sais ça ?*

Dans les mets que préconise
Le bréviaire du gourmand,

Il en est un, à ma guise,
Loué trop légèrement.
Oui, messieurs, sur la *Charlotte*
Son auteur n'a pas tout dit :
Et je veux joindre ma note
A tout ce qu'il en a dit.

Au dessert d'un gastronome,
La Charlotte tient son coin;
Le cuisinier habile homme,
Sait y mettre tout son soin.
Et si les premiers services
Ont lassé votre appétit,
En vous offrant ses délices,
Elle vous ragaillardit.

Voulez-vous un antidote
A la cacochyme humeur ?
Prenez vite une Charlotte,
Il n'en est pas de meilleur.
Toujours douce, jamais fade,
Piquante sans âcreté,
Elle est très-bonne au malade,
Meilleure à l'homme en santé.

Perdreau, caille, bécassine
Font bien l'honneur d'un dîné:

J'en mange chez Caroline
Par son exemple entraîné ;
Mais je plains la mort sanglante
Qui finit leur triste sort :
La Charlotte est innocente,
C'est un mets de l'âge d'or.

Elle fut pomme vermeille
Comme celle de Pâris.
Chacun en disait merveille,
Mais un seul l'obtint en prix ;
Aujourd'hui moins colorée
Elle se partage à tous,
Et sans être aussi sucrée,
Elle l'est assez pour nous.

On dit que la gent bigote
La trouve un mets savoureux ;
Que d'avoir une Charlotte
Maint dévot serait heureux.
Mais les gens de tout système
Sont d'accord en ce point ci,
Un philosophe lui même
Voudrait la Charlotte aussi.

La Charlotte a le mérite
Qui me semble des plus grands,

De garder, quand elle est cuite,
Sa douce chaleur long-temps.
Symbole naïf de celle
Que chacun de nous chérit,
Et dont l'amitié fidéle,
Jamais ne se refroidit.

(*Si c'est un vieillard qui chante la Charlotte, il finira par ce couplet.*)

Lorsque ma muse vieillotte
S'en va tombant en langueur,
Ton aspect si doux, Charlotte,
Lui rend un peu de vigueur;
Et le gourmand, mon compère,
Avec moi la partageant,
Pour un chanteur téméraire
Sait se montrer indulgent.

A UN INSTITUTEUR.

BOUQUET SYMBOLIQUE, COMPOSÉ D'UNE BRANCHE DE LAURIER ET D'UNE ROSE, ATTACHÉS D'UN BRIN DE LIERRE.

Air : *De la romance de Joseph.*

Nous venons fêter le génie,
La grâce, l'amabilité,

La prudence toujours unie
A l'obligeance, à la bonté.
En voyant ce portrait fidèle,
　Chacun va se dire avec chaleur :
　« Sous les yeux j'en ai le modèle,
　» C'est notre cher Instituteur. »

Les fleurs qui croissent au Permesse
Ne composent point nos bouquets ;
Pour exprimer notre tendresse,
Qu'est il besoin de tant d'apprêts ?
C'est le cœur seul qui nous inspire,
Et ce guide n'est pas trompeur :
On est toujours sûr de bien dire,
Quand on laisse parler son cœur.

Prenez cette fleur printanière
Et de laurier ce vert rameau ;
Attachés d'un seul brin de lierre,
Ils composent tout mon cadeau :
La fleur de votre âme est l'emblème ;
Le laurier nous peint vos succès ;
Et d'un élève qui vous aime,
Le lierre semble offrir les traits.

L'USAGE.

BOUQUET A CLAIRE.

—

Air : *Jupiter un jour en fureur.*

A la fête de ses amis,
Les chanter est d'usage antique :
Le couplet le moins poétique
   Comme un chef-d'œuvre est admis.
Accueillez donc mon faible hommage ;
Il est, dans cet heureux moment,
   Dicté par le sentiment,
   Bien plus que par l'usage.

Sans descendre au sacré vallon,
On peut chanter l'aimable Claire
L'espoir si charmant de lui plaire
   Inspire mieux qu'Apollon.
Bien loin d'adopter le langage,
Les complimens d'un vil flatteur,
   Je laisse parler mon cœur;
   Près de vous, c'est l'usage.

Pour captiver les plus rétifs,
   Claire un moment n'a qu'à paraître,

Les sentimens qu'elle fait naître
De jour en jour sont plus vifs.
Echappe-t-elle à notre hommage?
Tout retombe dans la langueur;
Devenir sombre et rêveur,
Loin de vous, c'est l'usage.

Quand le ciel vous rend à nos vœux
Ah! quelle époque fortunée!
C'est de la plus heureuse année
Le moment le plus heureux.
Chacun veut avoir l'avantage
De vous peindre tout son bonheur,
Ce qu'on vous dit part du cœur,
Près de vous c'est l'usage.

BOUQUET

A UNE DAME RESPECTABLE.

Air: *Vous voulez me faire chanter.*

Quand l'amour cherche à m'inspirer
Le respect me fait taire;
Hélas! pour bien vous célébrer,
Que ne suis je un Voltaire!

Au gré de mes sincères vœux,
Je suis trop jeune encore
Mais Voltaire chantait les dieux…
Et moi je les adore ! ! !

BOUQUET

À UNE TANTE ATTAQUÉE D'UNE LÉGÈRE INDISPOSITION.

Air : *Prenons d'abord l'air bien méchant.*

Que je trouve heureux les momens
Où pour célébrer votre fête,
Des plus sincères sentimens
Ma bouche devient l'interprète !
Pourtant l'état où je vous vois,
Allarme ma vive tendresse ;
Et j'éprouve tout à la fois,
Du plaisir et de la tristesse.

Aux vœux de l'amour, du devoir,
Je dois encore joindre, ô ma tante,
Celui de bientôt vous revoir
Jouir d'une santé brillante.

Et quel autre souhait former
Quand j'unis, par un sort prospère,
Au doux plaisir de vous aimer
Le bonheur de vous être chère ?

A UN ECCLÉSIASTIQUE.

Air : *C'est le meilleur homme du monde.*

Je voudrais, dans une chanson,
(Mais je redoute le scandale)
Dire, avec l'aide d'Apollon,
Un sentiment que rien n'égale :
Oui, j'en offrirai les tributs,
Sans que la raison me condamne ;
Le culte qu'on rend aux vertus
Eut-il jamais rien de profane.

Notre hôte fut, dans tous les temps,
Bon pasteur, bon ami, bon frère ;
Jamais contre les jeux décens
Il ne s'arma d'un front sévère ;
Il entraîne ; il fait adopter
Le Dieu qu'il prêche dans son temple.
Eh ! qui pourrait lui résister ?
A la leçon il joint l'exemple.

D'un être si cher à nos cœurs
Ce jour nous ramène la fête ;
A lui présenter quelques fleurs,
Qu'ici chacun de nous s'apprête !
De la nature les trésors,
Mieux que notre faible éloquence,
Sauront lui peindre les transports
Qu'en nous excite sa présence.

A SOPHIE.

Air : *Philis demande son portrait.*

Ton parrain n'était pas borné ;
 Le fait est bien notoire :
Dans le prénom qu'il t'a donné (1)
 Il présageait ta gloire ;
Il devina que tu serais
 Exempte de faiblesse,
Et qu'à la beauté tu joindrais
 Le don de la sagesse.

En te favorisant, Plutus
 T'a su rendre justice ;
 des talens, des vertus,
Que t'eût fait son caprice ?

(1) Ce nom dérivé du grec, signifie *Sagesse*.

À rendre ton époux heureux
  Tu travailles sans cesse ;
Et vous éprouvez tous les deux
  Une même tendresse.

Puisse toujours ce nœud si doux
  Egalement vous plaire,
Et que l'amitié, près de vous,
  Tienne toujours son frère !
Si nous n'existons qu'un moment,
  Qu'il soit rempli de charmes !
Trop heureux quand le sentiment
Nous fait verser des larmes ! ! !

LES PORTRAITS DE FAMILLE.

COUPLETS CHANTÉS PAR UN AMI DE LA MAISON.

Air : *Du curé de Pomponne.*

Pour peindre mes meilleurs amis,
  Je reprends ma palette ;
Vous trouverez dans mon croquis
  Ressemblance parfaite :
Censeur, aiguise tous les traits
  Dont ta plume fourmille !

Je m'en ris quand je fais,
Traits pour traits,
Des portraits de famille.

J'esquisse d'abord un vieillard
Par l'âge respectable,
Dévot sans fiel, poli sans art,
Sensible, humain, affable :
Dans son cœur respire la paix,
Sur son front l'honneur brille.
N'est-ce pas, trait pour trait,
Le portrait
Du père de famille.

Je mets ensuite dans son jour
Dame sexagénaire,
Au cœur jeune et brûlant d'amour
Pour ses fils et leur père ;
Dans son regard plein d'intérêt,
La bienveillance brille :
Qui ne reconnaîtrait,
A ce trait,
La mère de famille ?

Ivre d'amour, plein de respect,
Pour ce couple admirable

Voyez leur gendre, à leur aspect
    Joyeux et serviable ;
Il les aime comme il aimait
    Son épouse, leur fille.
Qui ne devinerait,
    A ce trait,
Qu'il est de la famille ?

Ajoutons encor deux enfans
    Dont il est le modèle ;
Doux et soumis, pour leurs parens
    Ils ont un même zèle.
Jusques dans leurs jeux suivez-les :
    Même tendresse y brille...
Voilà bien, traits pour traits,
    Les portraits
De toute la famille.

Laissez entrer dans le tableau
    Votre peintre lui-même :
Est il pour lui séjour plus beau
    Qu'auprès de ceux qu'il aime ?
Il est franc, sincère et discret ;
    En lui la gaîté brille :
Croyons qu'il méritait,
    Pour ce trait,
D'être de la famille !

COUPLETS A MON ANNE.

Air : *J'ai perdu mon Ane.*

  Chantons tous mon Anne ! *bis.*
J'ai façonné ces couplets
Pour célébrer tout exprès
  La fête à mon Anne. *bis.*

  Regardez mon Anne ;
Voyez quel œil séducteur,
Non, rien n'égale en fraîcheur
  La douce peau d'Anne.

  Mais dès que mon Anne
Chante, chacun est d'accord,
Qu'on entend avec transport
  La voix de mon Anne.

  Pour fêter mon Anne,
Dans cet aimable séjour,
Amis, venez tour-à-tour
  Embrasser mon Anne.

LA FÊTE DE MARRAINE.

Air : *Vous m'ordonnez de la brûler.*

Ce jour solennel, dans mon cœur,
    Fait naître l'allégresse ;
C'est encor un jour de bonheur
    Que vous doit ma tendresse ;
Quand son retour, comblant mes vœux,
    A vos pieds me ramène,
J'y viens célébrer de mon mieux,
    La fête de Marraine.

Marraine. Ah! qu'avec lui ce nom
    Porte une douce image !
De la bonté, de la raison,
    Il me peint l'assemblage :
Il retrace l'accord heureux
    De la vertu sublime,
Avec ces talens précieux
    Qui font naître l'estime.

Je voudrais, par quelque souhait,
    Couronner mon hommage ;
Mais votre bonheur si parfait
    Est votre propre ouvrage.

Le seul vœu digne de mon choix
    C'est que la destinée,
Pour nous, ramène encor cent fois
    Une même journée.

ENVOI D'UNE PAIRE DE JARRETIÈRES.

Air : *Pourriez-vous bien douter encore?*

Je sais une métamorphose
  Que je trouverais à mon gré ;
Faut-il qu'un sort cruel s'oppose
Aux vœux de mon cœur enivré !
S'il eût exaucé ma prière
Ah ! que mon destin serait doux ;
Soudain je serais jarretière,
Pour ne plus quitter vos genoux.

Mais un pressentiment m'afflige
Et malgré moi vient m'agiter ;
C'est qu'à moins d'un nouveau prodige,
Le soir il faudrait vous quitter.
Qu'on me fasse la grâce entière,
Et, trop heureux auprès de vous,
Le jour je serai jarretière,
La nuit je serai votre époux.

LE BOUQUET D'HORTENSE.

Air: *Bouton de Rose*!

Auprès d'Hortense } (bis.)
Son époux nous a réunis ;
Est-il plus agréable chance
Que de trouver tous ses amis
    Auprès d'Hortense.

    Qui n'aime Hortense ?
De nos cœurs c'est l'objet chéri ;
Ainsi que moi, chacun le pense,
Et je ne vois personne ici,
    Qui n'aime Hortense.

    A notre Hortense,
Un fils est né pour son bonheur :
De l'amour c'est la récompense ;
Il double encore la fraîcheur,
    De notre Hortense.

    A notre Hortense ;
A son joli petit poupon,
Buvons............
(Tout le monde vide son verre, ce qui occasionn
un petit repos)

...... Et que l'on recommence,
C'est le refrain de ma chanson :
A notre Hortense.

A MARIE.

Air : *La Boulangère a des écus.*

Mes amis, il faut tour à tour,
 Mais sans cérémonie,
Célébrer en cet heureux jour,
Par nos chants, nos vœux et notre amour,
 La fête de Marie.

Chacun de nous, en ce moment
 Voudrait, je le parie,
Avoir un petit compliment,
Pour le présenter d'un air galant,
 A l'aimable Marie.

Mais, d'un fade complimenteur,
 Fuyant la flaterie,
Pour bouquet, je n'ai que mon cœur,
Et je goûte le parfait bonheur
 En l'offrant à Marie.

LA PENSÉE.

BOUQUET A UNE MÈRE, AU NOM DE SA PLUS JEUNE FILLE.

Air : *Du Vaudev. d'Angel. et Melcour.*

Je n'ai pas encor le talent
De te dire combien je t'aime ;
Mais à ce tendre sentiment,
Cette fleur peut servir d'emblême.
Si ta cadette ne dit rien,
Tu l'excuseras, bonne mère ;
Car à t'aimer, tu le sais bien,
 Elle n'est pas la dernière.

COUPLETS SANS FAÇON,

A UNE AMIE, AUSSI BONNE QUE BELLE.

Air : *Mi, mi, fa, re mi.*

Ça, faut donc qu'on s'déboutonne ;
Qu'on s'mett' l'esprit à l'envers,
Pour offrir à Belle et Bonne,
Comm' qui dirait d'jolis vers ;

V'là ben des façons,
J'dirons c'que j'pensons.
Dam ! dans nos chansons,
Voilà comme j'fons.

Or, c'que j'pensons, ne vous déplaise,
C'est pus pire que de l'amiquié :
Ça m'tient là tout comme une braise ;...
Heim ?... Plaît-il ?... Vous riez ! morgué !
    J'disons c'que j'pensons,
    Nargue des façons !
    Dam' ! dans nos chansons,
    Voilà comme j'fons.

Ce s'ra, ma foi, b'en autre chose,
Quand je parl'rons d'ses qualités ;
Du bonheur qu'alle nous cause,
D'ses vartus et d'ses bontés...
    J'dirons c'que j'pensons, etc.

J'dirons donc qu'alle est aimable ;
Que j'en raffolons trétous :
Qu'son esprit est agréable,
Qu'son cœur est si bon, si doux,
    Que plus j'y pensons,
    Et plus je l'aimons,
    Et qu'dans nos chansons
    Toujous j'la fêtons.

Ces beaux poèt's du Parnasse,
F'raient p't'êtr' des vers mieux rimés,
Pour obtenir quelque grâce.
Nous, je n'voulons qu'être aimés.
    Sans tant de façons,
    J'disons c'que j'pensons,
    Et dans nos chansons,
    Voilà comme j'fons.

SIMPLE BOUQUET.

Air : *Des fraises.*

Lorsque chacun, à son tour,
    A te fêter s'apprête,
Auprès de toi mon amour,
Sans apprêt, m'amène pour
    Ta fête.   *ter.*

Je n'ai pas un compliment
    D'une longueur extrême,
Dans ce fortuné moment,
Je te dirai simplement :
    « Je t'aime.

Du don que t'offre ma main
    Peut-être quelqu'un glose ;
Mais ce n'est pas sans dessein
Que je place sur ton sein
    Ma rose.

A CELLE QUE J'AIME TANT,
LE JOUR DE SA FÊTE.

Air : *J'ai vu partout dans mes voyages.*

Tu t'imagines, je le gage,
  (Pourrais-tu penser autrement) ?
Que fidèle à l'antique usage,
Je vais te faire un compliment.
D'une assurance mensongère,
Je sais que tu fais peu de cas,
Bien que la mienne fût sincère,
Aujourd'hui tu n'y croirais pas.   *bis.*

Je pourrais peindre mon ivresse,
Et mes transports et mon amour ;
Je pourrais répéter sans cesse
Ce que je te dis chaque jour.
De mon ardeur, de mon délire,
Je te parlerais... c'est en vain ;

Aujourd'hui je ne veux rien dire ;
Mais je te dirai tout demain.

LE TRANSPARENT,

HOMMAGE FILIAL.

Air : *Partant pour la Syrie.*

Pour ta fête nouvelle,
Du ciel, présent si doux !
Permets que je révèle
Tout ce qu'il fit pour nous :
Des décrets tutélaires
D'avance avaient promis,
Au plus tendre des pères,
Le plus tendre des fils.

Cette faveur insigne
Déjà sur nous s'épand ;
Oui, c'est nous que désigne
Cet oracle charmant.
Par des liens prospères
A jamais sont unis
Le plus tendre des pères,
Le plus tendre des fils.

Tel est donc le langage
Qu'en fêtant ce beau jour,
J'emprunte comme un gage
De mon sincère amour ;
En brillans caractères
Vois mes refrains transcrits (1),
« Au plus tendre des pères,
» Le plus heureux des fils ».

BOUQUET POUR RIRE.

Air : *Ton humeur est, Catherine.*

Je voudrais pouvoir te dire
Tout ce que je sens pour toi ;
Mais je ne suis qu'une bête,
Je le sais depuis long-tems.
Heureusement que toi même
Tu connais mon peu d'esprit ;
Va je t'en dirais de belles
Si le cœur en tenait lieu.

(1) Montrant le transparent sur lequel se lisent ces

Cependant, puisqu'on m'écoute,
Je veux risquer le paquet :
Reçois avec indulgence
La fleur que j'ai dans la main;
Peut-être aimes-tu les roses,
Mais c'est cher dans ce tems-ci :
J'ait fait choix d'une anémone,
Comme étant plus de mon goût.

Il me reste encore à faire
Des souhaits pour ton bonheur :
Puisses-tu, toute la vie,
Etre exempte de chagrins;
Si le ciel, à ma prière,
Met son approbation,
Tu verras que le mérite
N'est pas toujours méconnu.

A ANGÉLIQUE.

Air : *La foi que vous m'avez promise.*

J'entends toujours parler des Anges,
Et célébrer ces bons esprits,
Qui de Dieu chantent les louanges,
Dans la splendeur du Paradis.

Avant de prétendre à la gloire,
D'aller m'asseoir à côté d'eux,
Je veux vivre dans la mémoire
Des Anges que j'ai sous les yeux.

Digne de la céleste vie,
S'il existe un Être parfait;
O mon aimable et tendre amie,
Comme toi, sans doute, il est fait.
Toujours bienfaisant et sensible,
Il pense, il agit comme toi :
On dit qu'un Ange est invisible :
Je n'en crois rien quand je te voi.

A UNE SŒUR,
LE JOUR DE SA FÊTE.

Air : *Un soir, dans la forêt prochaine.*

Comme emblème de ma tendresse,
Je ne t'offrirai point de fleurs,
De leur parfum, de leurs couleurs,
Le charme pour nous trop tôt cesse.
La rose qui naît aujourd'hui
Se fanera dès ce jour même;
Mais l'amour d'un frère qui t'aime
Ne peut s'éteindre qu'avec lui.

A MON AMIE,

EN LUI OFFRANT UN ŒILLET.

Air : *C'est à mon maître en l'art de plaire.*

Pour mieux fêter celle que j'aime
Je voulais former un bouquet ;
Mais, las, quel embarras extrême,
Je n'ai trouvé que cet œillet.
Je sais qu'il faudrait d'autres choses,
Pour que le cadeau fût complet :
Si tu veux y joindre des roses,
Mets le vite dans ton corset.

DE L'IMPRIMERIE D'ABEL LANOE.

www.ingramcontent.com/pod-product-compliance
Lightning Source LLC
LaVergne TN
LVHW051509090426
835512LV00010B/2435